ÉLOGE

DE SUGER.

ÉLOGE
DE SUGER,
ABBÉ DE SAINT-DENIS,
MINISTRE D'ÉTAT
SOUS LE RÈGNE DE LOUIS VI, DIT LE GROS,

ET RÉGENT DU ROYAUME

PENDANT LA CROISADE DE LOUIS VII, DIT LE JEUNE;

PAR M. ***.

Justissimus unus.

VIRGILE.

A PARIS,
Chez DEMONVILLE, Imprimeur-Libraire de l'Académie Françoise, rue S. Severin, aux Armes de Dombes.

M. DCC. LXXIX.

ÉLOGE
DE SUGER(*).

SUGER naquit ſans aïeux ; tout porte au moins à le croire : une ombre impénétrable a dérobé ſes premières années aux recherches des Savans. L'Hiſtoire, qui nous a tranſmis avec tant de faſte des particularités minutieuſes ſur quelques fameux Brigands, l'Hiſ-

(*) Ce Diſcours n'a point été préſenté à l'Académie Françoiſe ; des circonſtances, étrangères à la Littérature, n'ont pas permis à l'Auteur de le mettre au Concours. Son deſſein, en le faiſant paroître, n'eſt point de lutter contre M. Garat, dont l'Ouvrage mérite, à toutes ſortes de titres, la couronne qu'il a obtenue ; il n'a voulu qu'eſſayer ſes forces, heureux ſi l'indulgence daigne ſourire à ſes efforts !

toire ſe tait ſur la famille de cet Homme célèbre. Jeté, pour ainſi dire, dès l'âge le plus tendre entre les bras de la Providence, il fut l'artiſan de ſa propre grandeur; né de lui-même, il s'éleva par ſon mérite ſeul aux premières Dignités de l'Etat, & ſa gloire n'en fut que plus éclatante. En effet, ſi quelque choſe peut conſoler l'homme qui n'a point d'aïeux de l'eſpèce d'injuſtice que le deſtin ſemble lui avoir faite, c'eſt de voir que le mérite & le génie n'accompagnent pas toujours une haute naiſſance; c'eſt d'être tous les jours témoin de la prééminence auguſte que donnent ces avantages précieux; c'eſt enfin de remarquer qu'ils ont preſque toujours été le partage de ces êtres rebutés & proſcrits, que l'orgueil mal-entendu des Grands condamne à la baſſeſſe, comme s'il pouvoit y avoir quelque choſe de commun entre le vice & le défaut de naiſſance.

Ouvrons les vaſtes Annales de l'Hiſtoire: preſque tous les grands Hommes n'ont dû qu'à leurs talens la gloire immortelle dont ils brillent encore; ils n'ont point été annoncés au Monde par les hauts faits de leurs ancêtres. Eh! qu'a-t-on beſoin, quand on eſt embraſé des feux du génie, d'un avantage auquel il n'y a que la médiocrité qui puiſſe attacher quelque mérite ?

La Nature, toujours ſage dans la répartition de ſes faveurs, entretient une balance égale dans l'Univers. Celui qui n'a que des aïeux n'a pas plus à ſe plaindre de la Fortune, quoiqu'elle l'ait ſi mal partagé, que celui dont les talens & le génie ſont l'unique patrimoine ; & ce dernier n'eſt pas le plus malheureux.

Le Miniſtre immortel, dont j'entreprends l'Eloge, a fait l'épreuve de cette vérité conſolante. Ce fut dans le ſein même de la retraite qu'il ſentit l'aiguillon de la gloire : au-deſſus de ſon ſiècle, il embraſſa d'un coup-d'œil la vaſte carrière où ſon génie l'entraînoit. Miniſtre de deux Rois puiſſants, il ne ſe ſervit jamais de ſon autorité pour fouler les Peuples confiés à ſes ſoins ; il mit ſon étude à les rendre heureux, & s'il parut oublier quelquefois la dignité du caractère dont il étoit revêtu, ce fut peut-être moins ſa faute que celle de ſon ſiècle ; ſiècle d'ignorance & de barbarie, que ſignalèrent les plus honteux excès. L'homme put s'égarer, parce qu'il n'eſt donné à perſonne d'être parfait : mais on peut dire à la gloire du Miniſtre que ſa conduite fut irreprochable, & les fautes de l'Abbé de Saint-Denis, quelque graves qu'elles aient pu être, ſont d'autant plus pardonnables, que l'Homme d'Etat ſut les racheter par des qualités & des vertus qui les ont preſque entiérement effacées.

Les opérations de SUGER nous ſont, pour ainſi dire, inconnues; l'Hiſtoire ne nous a conſervé que la mémoire de ſes bienfaits, & c'eſt aſſez pour ſon Eloge. Je me bornerai donc à peindre ce grand Homme dans les différens emplois où ſon mérite l'a ſucceſſivement élevé. Toujours vrai, toujours intègre, il n'eut, à la tête des affaires, qu'un ſeul but, celui de faire le bien; il ne s'écarta dans aucune circonſtance de la modération qui devoit accompagner un homme de ſon état; il fut digne enfin de ſa gloire, & mérita par ſes talens & ſes bienfaits, dont il ne nous reſte, après plus de ſix cents années, qu'un léger ſouvenir, une admiration qui ira toujours en augmentant, & que la durée des ſiècles n'altérera jamais.

PREMIÈRE PARTIE.

Un Orateur célèbre (*), maintenant aſſis au nombre de mes Juges, a dit en traçant le portrait du meilleur & du plus grand des Rois, celui de Henri IV : *Qu'il n'y avoit point d'éducation pour le Génie.* Cette vérité eſt applicable à la plupart des grands Hommes, & ſur-tout à SUGER. Ce n'étoit point, en effet, à l'ombre & dans le ſilence d'un Cloître que le génie d'un Miniſtre paroiſſoit devoir être formé ; ce n'étoit point à l'Ecole de la Dialectique que pouvoit s'apprendre la ſcience de gouverner les hommes : mais la Nature ſupplée à tout ; le génie rompt ſes fers, l'homme rentre dans ſes droits ; il s'annonce avec avantage, & ſes talens ſe manifeſtent bientôt dans tout leur éclat.

Tel fut SUGER : dans un âge où tous les hommes portent à-peu-près la même empreinte, parce que le germe des paſſions ne s'eſt point encore développé en eux ; dans cet âge heureux de l'innocence & de la candeur, qui fuit

(*) M. de la Harpe.

avec tant de rapidité, & qu'on pourroit appeler à juste titre l'âge d'or de la vie, SUGER annonçoit déjà ce qu'il deviendroit un jour, c'est-à-dire un grand Homme. La sagesse & la vertu marquoient à leur coin chacune de ses actions, & donnoient la plus haute idée de sa personne. Consacré dès l'âge le plus tendre au service des Autels, il reçut dans la célèbre Abbaye de Saint-Denis, alors une des Ecoles les plus fameuses du Royaume, une éducation d'autant plus conforme à son goût, qu'un penchant irrésistible l'attiroit vers l'étude. Il fit en peu de temps des progrès rapides, & s'élança dans la carrière avec une ardeur & des succès capables d'intimider les Athlètes les plus renommés.

Son mérite naissant ne tarda pas à le distinguer de la foule des jeunes Elèves, qui partageoient ses travaux. La profondeur & l'immensité des connoissances qu'il acquit dans les Sciences les plus abstraites, la modestie & l'humilité qui l'élevoient au-dessus des autres Religieux, l'éclat de ses vertus & les qualités qui brilloient en lui dans le degré le plus éminent; tout enfin sembloit le désigner pour remplacer l'Abbé de Saint-Denis; & les différens emplois dont il avoit été successivement revêtu ne laissoient aucun doute qu'il n'obtînt cette place importante alors, puisque l'Abbé de Saint-Denis étoit Membre du Conseil de nos Rois.

Cependant la réputation de SUGER avoit franchi les Alpes; & la Cour de Rome, jalouse de s'attacher un homme de son mérite, lui fit faire les proprositions les plus avantageuses. Aiguillonné par le besoin impérieux de la gloire, & tourmenté par cette noble ambition qui, lorsqu'elle est contenue dans de justes bornes, peut devenir un lustre pour la vertu, il alloit renoncer à sa Patrie lorsque l'Abbé de Saint-Denis mourut. Heureusement on sentit la perte qu'on alloit faire; il n'y eut qu'une voix pour sa nomination, & la France fut sauvée.

Mais le destin réservoit SUGER à une renommée plus grande encore, & le théâtre sur lequel il alloit briller ne pouvoit qu'ajouter à sa réputation, en lui procurant les moyens de déployer ses talens & de donner l'essor à son génie. Le fils de Philippe Premier, qui régna sous le nom de Louis le Gros, avoit passé les premières années de sa vie à l'Abbaye de Saint-Denis, qui étoit alors en possession d'élever les enfans des Rois, comme elle avoit le privilége de dépofer dans fon fein leur dépouille mortelle. Une conformité de goûts & de caractère, ou plutôt la main de la Providence qui veilloit au bonheur de l'Empire François, avoient étroitement uni ce Prince au jeune SUGER, qui, de fon côté, fentit naître dans fon cœur pour le fils de fon Roi l'amitié la plus tendre. Ils ne fe quittoient point, s'occupant des mêmes travaux; parcourant enfemble les vaftes champs de l'Hiftoire, étude bien digne d'un Souverain & d'un Miniftre; approfondiffant l'art de gouverner les hommes, & méditant déjà quelques-unes des opérations qui devoient immortalifer leur mémoire.

Lorfque Louis VI monta fur le Trône, la France étoit dans une crife de délabrement & de détreffe dont elle n'avoit point encore fenti les funeftes influences dans les temps même les plus difficiles : le Commerce languiffoit, ou, pour mieux dire, il n'y avoit plus de Commerce; l'autorité fouveraine n'étoit qu'un fantôme, pour lequel on confervoit encore un refte de refpect, mais dont les foudres étoient impuiffans; les Lois étoient fans vigueur, & les ressources de l'Etat épuisées ; le Royaume enfin couroit à grands pas vers sa ruine. La longueur du règne de Philippe Premier, quoiqu'assez heureux en général & fécond en grands évé-nemens, lui avoit donné une secousse vio-lente. Il lui falloit un Restaurateur sage & prudent, qui connût les causes du mal & pût verser sur ses plaies un baume salutaire, dont la douceur bienfaisante ranimât sa vigueur énervée.

Louis crut ne pouvoir faire un choix plus favorable à l'intérêt de son Peuple & à la gloire de son Royaume, qu'en le laissant tomber sur un homme, dont les talens & la sagesse répondissent à l'importance du Ministère dont il devoit être chargé. Cet homme fut SUGER. Les opérations du nouveau Ministre ne tardèrent pas à justifier le choix du Monarque, & prouvèrent que le génie, dans quelque position qu'il se trouve, est toujours supérieur aux circonstances.

Avant que l'Abbé de Saint-Denis parvînt au Ministère, & que Louis, jaloux d'assurer le bonheur de son Peuple, eût résolu d'y tra-vailler lui-même, la France étoit en proie aux vexations d'une infinité de Tyrans subalternes, qui se faisoient un jeu de déchirer son sein,

& dont le joug s'appesantissoit de plus en plus sur les infortunées victimes de leurs débats continuels. Toutes les Provinces étoient dévastées, & il n'y avoit pas un seul coin de terre qui ne présentât le spectacle déchirant de la foiblesse opprimée & du despotisme foulant aux pieds la raison, la Justice & les Lois. La Police n'étoit point exercée, ou l'étoit avec tant de négligence, que les abus multipliés, qui naissoient du sein des désordres, étoient, pour ainsi dire, passés en usage; & les coupables, trop puissans pour craindre d'être punis, profitoient de la foiblesse du Monarque pour s'élever aux dépens de sa Couronne. Le glaive des Lois, sous un Gouvernement féodal, ne pouvoit être qu'impuissant ou meurtrier, puisqu'on le faisoit briller pour autoriser les injustices & les vexations les plus cruelles. L'innocence opprimée n'osoit élever sa voix; les Tribunaux demeuroient muets, & Thémis cruellement outragée étoit remontée au Ciel. Les Châteaux fortifiés comme des Citadelles, n'étoient qu'un repaire de Brigands; & l'aspect des Campagnes désertes & presque sans culture, imprimoit l'horreur & l'effroi. Tout ce qui avoit le malheur de n'être pas Gentilhomme, gémiſſoit dans la plus étroite captivité, ne pouvant diſpoſer ni du travail de ſes mains, ni même de ſa vie. Le Serf, accablé ſous le poids de la tyrannie, maudiſſoit le moment où il alloit devenir père, & ne ceſſoit de verſer des larmes ſur le ſort de ſes enfans, pour leſquels il ne prévoyoit pas un avenir plus heureux. Le Royaume enfin, dont la vigueur & la conſtitution paroiſſoient inaltérables, depuis que Charlemagne en avoit aſſis les fondemens ſur une baſe plus ſolide, le Royaume n'étoit plus qu'un ſquelette décharné, qui avoit beſoin d'une ame, & dont une main prudente & ſage pouvoit ſeule réparer l'antique ſplendeur.

SUGER connut bientôt les ſources du mal, & ſe hâta d'y porter remède. Louis, de ſon côté, s'empreſſant de ſeconder les vues généreuſes & bienfaiſantes de ſon Miniſtre, travailla lui-même à réprimer les déſordres que les grands Vaſſaux de ſa Couronne entretenoient dans ſes Etats. Tandis qu'il montoit à cheval, & qu'à la tête de ſes troupes il pourſuivoit les Tyrans de ſon Peuple & le vengeoit de leur joug odieux, SUGER, par le ſage établiſſement des *Communes*, & la reſtriction du pouvoir des Juſtices ſeigneuriales, coupoit le mal dans ſa racine, & préparoit de loin la grande révolution dont Louis XI ſentit le premier la néceſſité, & qu'il étoit réſervé au Cardinal de Richelieu de conſommer pluſieurs ſiècles après.

Temps affreux! âge de fer! jours de calamités & de douleurs! je vous entends vanter ſans ceſſe; votre éloge retentit de tous côtés à mon oreille qu'il importune: on ne parle que de vous, on vous exalte ſans pudeur; & tel eſt le caractère inconſéquent de l'homme, qu'il vous élève au-deſſus d'un ſiècle dont il ne ceſſe de ſe plaindre, & qu'il choiſiroit de préférence à tout autre, s'il dépendoit de lui de fixer le moment de ſa naiſſance. O vous, qui ſemblez vous faire un plaiſir de répéter ces plaintes indiſcrètes, imprudens Panégyriſtes d'un ſiècle de licence & de barbarie, vous, qui joignez au malheur, ſi c'en eſt un, de n'avoir point d'aïeux, celui de poſſéder une fortune conſidérable, liſez & frémiſſez!

Ces malheureuſes victimes que l'avarice arrache impitoyablemenr à la terre ingrate qui les a vu naître, pour les ſoumettre ſans relâche

aux

aux travaux les plus pénibles, ces triftes jouets d'une poignée de barbares oppreffeurs, ces infortunés qu'on traite avec plus d'inhumanité que les hôtes féroces des fombres forêts de l'Afrique; ces miférables enfans de la Nature, que des Peuples qui fe prétendent plus fages & plus policés qu'eux, ont affujettis à leurs caprices, & dont ils trafiquent comme des animaux les plus vils, les Nègres de nos Colonies ne gémiffent pas dans un efclavage plus affreux que celui qu'ont enduré vos pères. On les vendoit de même que vous vendez vos frères; ils ne pouvoient ni fe choifir une retraite qui leur convînt, ni s'engager à leur gré dans les douces lois de l'hymen. Enchaînés à la glèbe fur laquelle ils étoient nés, ils étoient forcés d'y attendre dans les alarmes & fous le fouet du defpotifme une mort que les travaux & les chagrins prématuroient prefque toujours. Le fer de la fervitude la plus cruelle étoit levé fans ceffe fur leur tête appefantie; la liberté, ce patrimoine de l'homme, ce bien fi doux dont on ne connoît le prix que lorfqu'on l'a perdu, la liberté n'étoit jamais le terme de leurs travaux; & pour comble de misère, ils languiffoient privés même de l'efpérance, la feule confolation du malheureux & l'unique reffource qui lui refte pour fupporter avec courage le poids de fes peines.

Ifolés, fans appui, dévoués en naiffant à la fervitude, opprimés de toutes parts & rejetés inhumainement dans la dernière claffe de la nature, il ne leur étoit pas même permis de recourir à la Juftice, & de fe mettre fous l'augufte protection des Lois; toutes voies de défenfes leur étoient interdites; leurs tyrans étoient leurs juges, & lorfqu'ils avoient la témérité de fe plaindre, ils fentoient auffi-tôt redoubler le poids de leurs fers; les crimes les plus atroces demeuroient impunis, & les coupables ne répondoient que par de nouveaux outrages au cri de la vengeance qui s'élevoit contre eux.

Eh bien ? vous, qui ne rougiffez pas de vanter fans ceffe à vos Concitoyens le bonheur de ces fiècles barbares, approchez, téméraires; jetez les yeux fur cette efquiffe que la foibleffe de mon pinceau ne m'a pas permis de rendre avec toute l'énergie dont elle eft fufceptible: jugez, par le mouvement qu'elle excite en vous, de l'impreffion que feroit fur votre ame ce tableau deffiné par une main plus ferme.... Vous pâlissez ! . . . . j'entrevois sur vos fronts interdits l'empreinte de la terreur qui s'empare de vos sens. . . . Quel seroit aujourd'hui votre sort, si Louis VI n'eût pas gémi sur la servitude de vos pères, & cherché les moyens de rompre leurs entraves ? Jouiriez-vous maintenant des douceurs d'une vie agréable & paisible, si SUGER n'eût pas secondé les généreuses intentions de son Roi, & levé une partie des obstacles qui s'opposeroient encore à votre bonheur ? Cet infatigable Ministre ne prend point de repos, qu'il n'ait fait cesser le mal ou trouvé les moyens d'en arrêter les progrès : la Justice va prendre une nouvelle forme ; les criminels n'auront plus d'asiles, & sa puissance ne sera plus confondue avec la tyrannie.

Chaque Ville, chaque Bourg eut enfin le droit de se choisir des Juges, & ce coup une fois porté, le Gouvernement féodal reçut une atteinte dont il ne se releva jamais. Par le projet qu'avoit conçu l'Abbé SUGER, & que les circonstances ne lui permirent pas d'exécuter entiérement, les Villes formoient chacune en particulier autant de petites Républiques, qui avoient leurs lois, leurs coutumes, leurs usages, & qui, ſous le nom de *Communes*, furent l'origine des Etats généraux où elles prirent ſéance, & formèrent ce qu'on appela dans la ſuite le *Tiers-Etat*.

SUGER porta ſes vues encore plus loin; non content de cette eſpèce de liberté qu'il venoit de rendre à un Peuple que la Nature avoit fait libre comme tout ce qui reſpire ſur la terre, il envoya des Commiſſaires chez tous les grands Vaſſaux de la Couronne, avec pouvoir d'informer de leur conduite & de réprimer ſévèrement leurs vexations. Cette fermeté contint les plus rebelles; & ſi la contagion ne ceſſa pas tout-à-fait, au moins ſes ravages ne furent-ils plus ſi redoutables.

La liberté & le bien-être des Peuples ne furent pas les ſeuls avantages qui réſultèrent de cette opération; l'Etat y gagna plus encore; la population s'accrut en proportion de la liberté qu'on avoit rendue au Peuple, & les reſſources de l'Etat augmentèrent avec elle. Le Commerce, les Sciences & les Arts, dont elle eſt le plus ferme appui, fleurirent avec plus d'éclat, & leur gloire rejaillit ſur le Royaume. Les Villages & les Bourgs ſe multiplièrent à meſure que la population s'étendit : les Campagnes qui, avant cette heureuſe révolution, ſembloient des landes arides, furent cultivées, & l'abondance devint le prix du travail. Les Cultivateurs, qui pouvoient compter déſormais ſur la jouiſſance de leurs récoltes, donnèrent tous leurs ſoins à l'amélioration des terres, & les Villes ne tardèrent pas à ſe reſſentir de l'heureuſe influence de l'Agriculture; tant le génie d'un ſeul homme a de pouvoir & d'empire, lorſqu'il peut ſe livrer à ſon gré au doux plaiſir de faire le bien !

Les revenus de l'Etat augmentèrent auſſi à proportion que l'Agriculture s'étendit. SUGER en donne lui-même une haute idée dans le détail qu'il a tracé de ſon adminiſtration. Mais l'expérience de ces ſiècles reculés eſt perdue pour nous; les temps ſont changés, & nos mœurs ne ſont plus les mêmes. Le luxe ne ſe répandoit pas au-dehors comme aujourd'hui; on donnoit moins à l'extérieur; en valoit-on mieux? L'opulence de ces ſiècles, qu'à juſte titre nous appelons groſſiers, étoit, ſi je puis me ſervir de ce terme, une opulence ſourde & mal entendue; on avoit d'autres jouiſſances que celles qui ſont aujourd'hui nos délices, & les amuſemens du douzième ſiècle étoient dignes des barbares qui les avoient inventés.

Au milieu de ſes travaux & des détails d'une adminiſtration pénible, SUGER n'oublia point ſon Abbaye qu'il rendit un des plus riches Monaſtères du Royaume; & l'avidité avec laquelle il accumula ſes richeſſes eſt une tache pour ſa gloire. On ne peut ſe diſſimuler, & c'eſt avec regret que j'en fais l'aveu dans cet Eloge conſacré à ſa mémoire; on ne peut ſe diſſimuler, dis-je, que le Perſécuteur de la tendre Héloïſe employa quelquefois des moyens illégitimes pour augmenter la puiſſance & les richeſſes de ſon Ordre: & tout en rejetant cette faute ſur les Agens ſubalternes quil mettoit en œuvre, on ne peut que déplorer l'aveuglement de l'homme qui donne à la fois l'exemple des plus ſublimes vertus & des plus grandes foibleſſes.

Enfin Louis VI mourut comblé de gloire, & regretté de tous les bons Patriotes, qui applaudiſſoient en lui le courage & l'envie de faire le bien. Il étoit à craindre que les ſoins du Miniſtre éclairé qui avoit partagé ſes travaux ne fuſſent perdus pour la France, ſi Louis le

Jeune, entraîné par de mauvais conſeils, eût fait ſa principale étude, comme il n'eſt que trop ſouvent arrivé, de détruire l'ouvrage de ſon Prédéceſſeur : mais pour le bonheur de l'Etat, la France eut encore un Roi qui, s'il écouta trop quelquefois les mouvemens de ſa vivacité, ſut du moins diſtinguer le mérite & le placer avec avantage. Il ſentit le prix que valoit SUGER, & ce mot ſuffit pour l'éloge de tous deux.

SECONDE PARTIE.

L'avénement de Louis le Jeune à la Couronne fit changer de face à la Cour; mais le Miniſtère n'éprouva aucune révolution. SUGER eut la confiance du fils comme il avoit eu l'amitié du père; & continué dans ſes fonctions, il put encore faire le bien. Cependant ſa gloire & ſa réputation n'étoient point parvenues au comble de grandeur & d'élévation où la renommée devoit les porter un jour; nous touchons à l'époque où ſon génie éclata dans toute ſa ſplendeur.

Les Chrétiens de la Paleſtine, & le reſte

des Croisés qui secondoient encore leur parti, commençoient à perdre l'ascendant que leur courageuse audace & les premiers succès de leurs armes leur donnèrent d'abord sur les Peuples de l'Asie. Godefroi de Bouillon, & cette foule de Héros dont la valeur immortalisa ses conquêtes, avoient payé depuis long-temps à la Nature le tribut fatal que lui doit tout ce qui respire : il ne restoit plus que le souvenir de leurs victoires; & les superbes Etats qu'ils avoient cimentés de leur propre sang, menaçoient de tomber avec eux. Le célèbre Noradin, l'un des Sultans qui ont porté le plus loin la gloire de la Couronne Ottomane & les conquêtes du Croissant, après avoir repris & saccagé la Ville d'Edesse, se proposoit de pousser ses victoires plus avant, & de détruire de fond en comble l'Empire des Chrétiens, en leur enlevant le pays où l'Auteur du salut de tous les hommes avoit consommé sur l'arbre de la Croix le sacrifice auguste qu'exigeoit la justice de son père. Déjà même il s'avançoit à la tête d'une puissante armée, & la terreur voloit au-devant de son char.

Incapables de résister aux efforts de Noradin, & trop foibles pour arrêter le torrent de ſes conquêtes, les Chrétiens implorèrent de nouveau l'aſſiſtance des Souverains de l'Europe, dont ils avoient plus d'une fois éprouvé les ſecours généreux, ſollicitant avec ardeur une nouvelle Croiſade, pour tâcher de rétablir leurs affaires. Les François, toujours les premiers à ſe mettre ſur les rangs lorſqu'il s'agit de la gloire, embraſsèrent avec tranſport cette occaſion de ſe ſignaler. La France avoit été déjà la première à voler à la victoire lors de la Croiſade dont Godefroi de Bouillon fut le Général & le Héros. Elle avoit ſignalé ſon zèle de la manière la plus éclatante, & c'étoit principalement à ſa valeur qu'on devoit la conquête de la Terre-Sainte.

Cet homme étonnant, dont l'éloquence & le génie ne connoiſſoient point de bornes; ce Réformateur auſtère, qui portoit l'art de la perſuaſion au dernier degré où il pouvoit atteindre; cet Orateur véhément à qui le Ciel avoit diſpenſé le don de dominer les eſprits, & qui eût été plus grand peut-être ſi ſon zèle pour le ſoutien d'une Religion de clémence & de paix ne l'avoit emporté quelquefois au-delà des limites qu'il ſemble que cette Religion elle-même devoit lui preſcrire; cet illuſtre Cénobite, qui pourſuivit avec trop d'acharnement le plus aimable & le plus malheureux des mortels, Abailard, dans lequel un homme d'une vertu moins éminente pourroit être ſoupçonné d'avoir craint un rival; cet immortel Abbé de Clairvaux enfin, qui, malgré quelques foibleſſes inſéparables de la Nature humaine, n'en fut pas moins un des plus étonnans génies qui aient exiſté jamais, & dont l'Egliſe a reconnu le mérite en le plaçant au nombre des ſaints Perſonnages qu'elle honore d'un culte particulier, Bernard ſe chargea de prêcher cette Croiſade par toute l'Europe, & ſur-tout en France, où ſon zèle, animé par le feu divin qui l'embraſoit, ne pouvoit manquer de produire les effets les plus ſurprenans. Il ne m'appartient pas de juger ce grand Homme; mais il me ſemble que l'ardeur avec laquelle il ſeconda cette fatale entrepriſe, l'égara peut-être, puiſqu'il alla juſqu'à promettre, au nom de l'Eternel, que la victoire attendoit les Croiſés, que le Ciel combattroit pour eux, & que les Infidèles fuiroient devant leurs bannières, comme la pouſſière des champs ſous l'haleine impétueuſe des vents du midi : mais ces prédictions, quoique ſoutenues, comme elles le furent, par des miracles, pouvoient-elles arrêter le bras de la vengeance divine qu'irritèrent les déſordres des Croiſés ?

Ce ſeroit peut-être ici le lieu d'examiner, ſi la cruelle épidémie des Croiſades fut plus funeſte que glorieuſe à l'Europe. Ce problême, après bien des diſcuſſions & de murs examens, eſt peut-être encore à réſoudre. Quelques Politiques prétendent que le commerce en a tiré les plus grands avantages ; d'autres ſoutiennent au contraire qu'elles donnèrent au Royaume une ſecouſſe dont il ſe reſſentoit encore pluſieurs ſiècles après. Pour moi, dans cette diverſité d'opinions, s'il m'étoit permis de haſarder mon avis, je ne balancerois pas à regarder les Croiſades comme un des fléaux les plus terribles qui aient affligé le genre humain, & je pourrois appuyer mes motifs d'une autorité bien reſpectable, de celle de SUGER.

Ce grand Homme, quoiqu'il ait paru depuis changer d'opinion à cet égard, n'héſita pas alors à condamner le zèle de l'Abbé de Clairvaux. Plus politique, il jugea différemment des Croiſades ; il n'y vit alors que des maux réels pour l'Etat, dans l'abſence du Monarque, dans des émigrations qui ne pouvoient qu'appauvrir le Royaume, dans le ſort incertain de ces expéditions lointaines, & ſur-tout dans l'extrême difficulté de conſerver long-temps ſes conquêtes. Tremblant pour l'avenir, il tâchoit d'arrêter les progrès naiſſants de cette contagion funeſte, perſuadé que Dieu, qui eſt un Dieu de miſéricorde & de bonté, ne s'offenſeroit pas de lui voir préférer l'intérêt du genre humain à la conquête d'un pays célèbre à la vérité, & ſanctifié par la mort de l'auguſte Rédempteur de notre ſalut, mais qu'il étoit impoſſible de défendre contre les entrepriſes des Infidèles.

Louis flottoit incertain entre l'opinion de ces deux grands Hommes. Bernard appuyoit ſes diſcours des raiſons les plus fortes, & montroit en parlant la confiance & l'enthouſiaſme du Prophète; l'Abbé de Saint-Denis au contraire ne faiſoit parler que la ſageſſe & l'intérêt de l'Etat. Ce langage n'eſt pas fait pour réuſſir à la Cour des Rois, & SUGER, pour le malheur de la France, ne fut pas écouté. Bernard l'emporte, & Louis, déchiré ſans ceſſe par le souvenir du massacre de Vitry, croit ne pouvoir expier, qu'en se croisant, ce crime de sa jeunesse. Il convoque à Vezelay en Bourgogne un Parlement, où l'Abbé de Clairvaux, déployant avec plus de force que jamais son éloquence persuasive, entraîne tous les esprits. Subjugué par l'ascendant victorieux de Bernard, Louis se jette à ses pieds & lui demande la Croix. Les principaux Seigneurs de sa Cour, & les grands Vassaux de la Couronne, s'empressent de l'imiter; le Peuple se précipite auprès du Saint pour obtenir la même faveur, & SUGER, presque seul de son avis, ne peut que déplorer l'aveuglement général.

Heureusement pour la France que Louis & ce même Parlement qui venoient de montrer un enthousiasme bien digne du sang qui couloit dans leurs veines, en cédant aux exhortations du saint Abbé de Clairvaux, prévinrent le danger de leur résolution par le choix d'un Régent, dont le génie pût réparer les pertes que le Royaume ne pouvoit manquer d'essuyer. Ce Régent fut SUGER; un suffrage unanime confirma ce choix, le plus judicieux qu'on pût faire, & l'on peut dire à la gloire de Saint Bernard, qu'il fût le premier à l'approuver. Dans l'état d'épuisement où la France alloit se trouver, il lui falloit des ressources aussi promptes qu'efficaces, & SUGER seul pouvoit fermer ses plaies.

Ce grand Homme sentit tout le poids du fardeau dont on vouloit le charger; tandis que la médiocrité n'hésite pas à tout entreprendre, le génie se méfie de ses forces, & craint de compromettre sa gloire. SUGER refusa le poste éminent où son mérite, le Parlement & le Roi l'élevoient. Effrayé des dangers d'une administration de cette importance, il auroit persisté dans son refus, si le Souverain Pontife Eugène III, qui étoit venu donner lui-même à Louis *la Pannetière* & *le Bourdon*, ne lui eût ordonné, de la part & au nom de Dieu, de se soumettre aux décrets de sa toute-puissance, en prenant les rênes de l'État. Il obéit, & la France applaudit à la sagesse de son jeune Roi.

Pendant que Louis, trahi par ses Alliés, en butte à la perfidie des Grecs, accablé par les Sarrasins, tourmenté par les intrigues d'Eléonore de Guyenne son épouse, épuisé d'hommes & de ressources, ramenoit, à travers mille dangers, les triſtes débris de ſon armée, trop heureux qu'au lieu des victoires qui lui avoient été promiſes, la mort n'eût pas moiſſonné ſa tête, SUGER avoit gouverné le Royaume avec une ſageſſe & une économie dignes des plus grands éloges. On vomiſſoit en Aſie mille imprécations contre une entrepriſe qui avoit coûté la vie à tant de milliers d'hommes; tout retentiſſoit en France des louanges de SUGER. Le misère, le déſeſpoir & les maladies déſoloient le Camp des Chrétiens; la joie, la paix & l'abondance étoient le partage des François qui n'avoient point quitté leurs foyers pour courir avec les faveurs incertaines du deſtin. Heureux ſous les lois du Régent, ils ne ceſſoient de le bénir; & ce tribut ſi doux, qui n'emprunte jamais l'organe de la flatterie, étoit bien fait pour le récompenſer de ſes travaux.

Il falloit à Louis, pour ſubvenir à l'entretien de ſon armée, des fonds conſidérables; & les nombreux échecs qu'il avoit eſſuyés ajoutoient encore à ſes beſoins. SUGER trouva le moyen d'y pourvoir ſans fouler les Peuples. Il ne borna pas là ſon active induſtrie; il porta ſes vues bienfaiſantes ſur la Légiſlation; il en débrouilla le chaos, autant que l'état du Royaume put le lui permettre; & s'il ne fut pas assez heureux pour joindre à ses autres titres celui de Législateur, il eut du moins la gloire de frayer la route à Saint Louis, & d'assurer en quelque sorte le bonheur des races futures. Toute imparfaite que devoit être cette Législation, elle produisit cependant les effets les plus salutaires. Les terres étoient mieux cultivées, le Commerce fleurissoit; la population, cette richesse qui n'a rien de comparable, augmentoit de jour en jour, & le Royaume paroissoit dans une paix profonde, tant la sagesse d'un seul homme peut opérer de merveilles !

Un des plus étonnants effets de l'ascendant de SUGER sur tous les esprits, fut la facilité avec laquelle il étouffa les révoltes que les grands Vassaux de la Couronne fomentoient dans l'Etat, & le peu d'efforts qu'il eut à faire pour contenir le Duc de Normandie & les Comtes de Vermandois & de Dreux, qui vouloient profiter de l'absence de Louis pour s'enrichir de ses dépouilles. Ce dernier sur-tout étoit d'autant plus redoutable, que, frère du Monarque, il pouvoit soulever un nombreux parti.

parti. Revenu de la Terre-Sainte, où il avoit laiſſé le Roi, dont le caractère bouillant ne s'accordoit point avec ſon impétuoſité, il cherchoit les moyens de lui ravir ſa Couronne. SUGER apprend ſes complots ambitieux; il ne perd point de temps, convoque l'aſſemblée des Etats, lui reproche publiquement ſes manœuvres criminelles, le confond, le voit tomber à ſes genoux, & jouit de la gloire de rendre un des plus fermes remparts du Royaume celui qui vouloit en être le tyran.

Cependant l'Envie qui jamais ne repoſe, l'Envie, compagne inſéparable du mérite qui la bleſſe & de la vertu qui l'humilie, cet Argus dont les cent yeux ſont toujours ouverts, l'Envie tramoit contre SUGER ſes perfides manœuvres. On eſſaya de le noircir dans l'eſprit du Roi par des calomnies d'autant plus dangereuſes, qu'elles ne paroiſſoient pas deſtituées de vraiſemblance, & qu'il étoit preſque impoſſible de n'y pas ajouter foi. On ne craignit pas de l'accuſer d'avoir abuſé de ſon pouvoir pour s'enrichir aux dépens de l'Etat; on repréſenta le Peuple comme écraſé ſous le poids des impôts, & gémiſſant ſous le fer du Deſpotiſme.

La Calomnie trouve un accès facile dans le cœur de l'homme, & la Cour des Rois eſt le théâtre ordinaire de ſa rage : c'eſt - là qu'elle promène à ſon gré ſes fureurs ; c'eſt-là qu'elle diſtille avec une joie maligne ſes dangereux poiſons, & qu'elle ourdit impunément ſes inſidieuſes menées. Rien ne lui réſiſte ; c'eſt un ouragan impétueux qui flétrit tout ce qui ſe rencontre ſur ſon paſſage, & laiſſe par-tout des traces de ſa fureur.

Louis aimoit SUGER, il connoiſſoit la vertu de ſon Miniſtre; & plus on cherchoit à le détruire dans ſon eſprit, plus il s'occupoit des moyens de le défendre. Mais les attaques de ſes ennemis devinrent ſi fréquentes ; elles ſe renouvellèrent tant de fois, & toujours avec un degré de vraiſemblance ſi parfait, qu'il ne put s'empêcher d'y croire. Sa fermeté fut ébranlée, & l'Envie en pouſſa des cris de joie.

Louis revint en France avec la plus forte préſomption contre le Régent ; mais le triomphe de la Calomnie ne fut pas de longue durée. Lorſque ce Prince, à ſon retour, au lieu de trouver ſon Peuple dans le découragement & la conſternation, entendit les bénédictions qu'il donnoit à SUGER; lorqu'il vit la face de la France changée, les Maisons Royales réparées, les Châteaux fortifiés, & les Villes mises en état de défense, les Frontières en sûreté contre les incursions des ennemis, les Campagnes couvertes de moissons, les greniers remplis & les revenus de l'Etat améliorés sans augmentation d'impôts, il eut le courage de se condamner lui-même : il combla SUGER d'éloges; & pour lui témoigner le prix qu'il mettoit à ses services, il l'honora du titre de *Père de la Patrie*; titre flatteur que les Peuples lui avoient décerné depuis long-temps, & qui est la récompense la plus digne d'un Ministre homme de bien.

Tout en travaillant au bonheur du Peuple & à l'intérêt de l'Etat, SUGER n'oublia point celui de la Religion & de l'humanité. Il fit abolir les combats en champ clos, & perdre aux Eglises le droit d'asile : en vain les Evêques & la Cour de Rome même menacèrent de se soulever; il n'écouta point leurs murmures, & ils furent obligés de plier. Si la fureur du duel se réveilla presque aussi-tôt après sa mort pour durer plusieurs siècles encore, on ne peut que plaindre le sort de l'homme, que la raison éclaire lentement, & qui préfère ſouvent au flambeau de la vérité le triſte bandeau de l'erreur.

Pendant que Louis combattoit pour ſoutenir les droits de ſa Couronne, l'Abbé de Saint-Denis, de concert avec le Pape Eugène, convoqua deux Conciles qui furent préſidés par ce Pontiſe. Il y fit paſſer des Règlemens pour réprimer le luxe des Eccléſiaſtiques, & leur défendre principalement les ornemens ſuperflus ſur les habits. SUGER ſentit d'autant mieux la néceſſité de cette Loi, que lui-même dans ſa jeuneſſe n'avoit pas été exempt de cette foibleſſe, & ce trait ne peut qu'ajouter à ſon Eloge. Il fit d'autres Règlemens encore, tendant tous à maintenir la pureté & la grandeur de la Religion, & qui déceloient une ſageſſe & une prévoyance dignes du plus grand des Miniſtres qui juſques alors avoient gouverné la France.

SUGER, vainqueur de l'Envie, jouiſſoit enfin de ſa gloire, lorſque la mort, en le frappant, priva le Royaume de ſon plus ferme appui. Ce vertueux Miniſtre, ſuccombant aux langueurs d'une maladie longue & douloureuſe, mourut généralement regretté. La perte des Grands n'afflige perſonne, parce que bien peu méritent d'être aimés : mais celle de SUGER fit couler les larmes les moins suspectes, celles du Peuple ; & quand ses travaux ne parleroient point en sa faveur, cela suffiroit seul pour éterniser sa mémoire.

Louis qui, depuis son retour, avoit repoussé avec indignation toutes les atteintes de la calomnie, Louis pleura sincèrement ce grand Homme ; il voulut assister en personne à ses funérailles, & prouva par ses regrets, qui durèrent autant que sa vie, qu'il étoit digne de posséder un tel Ministre.

O SUGER ! si du séjour des Bienheureux où tu jouis de la récompense que le Ciel devoit à tes vertus & à tes travaux ; si du sein de la Divinité où tu reposes, tu tournes quelquefois tes regards paternels sur un Pays qui te fut cher, joins en ce moment tes prières aux vœux de toute la France ; implore l'assistance Divine sur les Neveux de ces braves François, dont ta sagesse a si long-temps fait le bonheur. Puissent la gloire & la sagesse maintenir à jamais la splendeur du Trône où tu t'assis un moment ! Puissent nos Armées victorieuses humilier enfin l'orgueil de cette Nation Philosophe, qui rendit à tes vertus l'hommage le plus éclatant ; & dans le sein de l'abondance & de la paix, puisse-t-il ne nous rester à former d'autre vœu que celui de conserver long-temps l'auguste Monarque qui nous gouverne, & les Ministres éclairés qui marchent sur tes traces !

APPROBATION.

J'AI lu, par ordre de Monseigneur le Garde-des-Sceaux, un Manuscrit ayant pour titre : *ÉLOGE DE SUGER*, avec l'Épigraphe *Justissimus unus*; il m'a paru que cet Éloge, consacré à l'un des Pères de la Patrie, intéresseroit par son objet & par le mérite du Panégyriste, & que l'on pouvoit en permettre l'impression. A Paris, ce 3 Septembre 1779. GUYOT.

www.ingramcontent.com/pod-product-compliance
Lightning Source LLC
LaVergne TN
LVHW050220180726
843501LV00013BA/2169

* 9 7 8 2 3 2 9 6 5 3 3 1 0 *